Autor: Axel Hering

Illustrationen: Gisela Specht

Kleine Bildgrammatik Deutsch

Deutsche Grammatik in Bildern erklärt

Hueber Verlag

3. 2. 1. | Die letzten Ziffern
2021 20 19 18 17 | bezeichnen Zahl und Jahr des Druckes.
Alle Drucke dieser Auflage können, da unverändert, nebeneinander benutzt werden.
1. Auflage

Umschlaggestaltung: Sieveking · Agentur für Kommunikation, München
Zeichnungen: Gisela Specht, Weßling
Layout und Satz: Sieveking · Agentur für Kommunikation, München
Verlagsredaktion und Konzept: Juliane Forßmann, Hueber Verlag, München
Lektorat: Susanne Billes, Egling
Druck und Bindung: Kessler Druck + Medien GmbH & Co. KG, Bobingen
ISBN 978-3-19-401003-1

Art. 530_24409_001_01

Rund um die Präposition

Rund ums Adverb

Rund um den Satz

Liebe Leserinnen, liebe Leser,

die *Kleine Bildgrammatik Deutsch* enthält in 29 Kapiteln wichtige Regeln zum Erlernen der deutschen Sprache. Sie eignet sich für den Unterricht von Anfängern ohne oder mit geringen Vorkenntnissen. Um Sie als Unterrichtende im Unterricht gut zu unterstützen, finden Sie in den eingebauten Textpassagen hilfreiche Erklärungen.

Aber auch für das Selbststudium eignet sich die *Kleine Bildgrammatik*.

Sie ist die ideale Ergänzung zum bereits erschienenen *Bildwörterbuch Deutsch*, ISBN 978-3-19-007921-6, und basiert auf der bewährten *Bildgrammatik Deutsch*, ISBN 978-3-19-009742-5.

Mit der *Kleinen Bildgrammatik Deutsch* ist die Grammatik der Niveaustufe A1 komplett abgedeckt – eine Hilfe auch bei der Prüfungsvorbereitung auf das *Goethe-Zertifikat A1 / Start Deutsch 1*.

Manche Themen kommen gemäß der Niveaustufe zwar vor, aber nicht in eigenen Kapiteln, sondern im Zusammenhang mit anderen Themen: So wird z. B. die Konjunktiv-II-Funktion *höfliche Bitte* im Werk durchaus behandelt, aber nicht in einem eigenen Kapitel, sondern bei den Verben *sein – haben – werden* sowie bei den Modalverben.

Bei der Entwicklung dieses Buchs wurden besonders auch die Bedürfnisse von Lernungewohnten bedacht:

- große und serifenlose Schrift
- bildliche Darstellung der Anwendung von Grammatikregeln
- freundliche, auch für Erwachsene geeignete Zeichnungen
- alltagsbezogene, vom BAMF empfohlene Themen
- einfache Texte für die Beispiele
- häufiger Einsatz von Farben zur Erklärung von grammatischen Fachbegriffen
- klar formulierte Grammatikregeln zum Nachlesen für die Kursleitenden

Die *Kleine Bildgrammatik Deutsch* gewährt Einblicke in den deutschen Alltag einer Familie. Durch das Werk begleitet Sie die Familie Weber mit ihren Verwandten, Freunden und Bekannten. Der hier abgebildete Alltag der Webers ist exemplarisch, aber nicht unbedingt repräsentativ, denn die Lebensformen in unserem Land sind vielfältig.

Herr Weber Frau Weber Stefan Sabine Lisa Max

Der schönste Schultag für Lisa ist der Freitag. Denn dann hat sie Schwimmunterricht.

Das Praktikum von Sabine ist bei Daimler.

„Hier, die Zeitung."

Es gibt Nomen,

- die maskulin (männlich) sind: Nomen mit *der*
- die neutral (sächlich) sind: Nomen mit *das*
- die feminin (weiblich) sind: Nomen mit *die*.

Man nennt diese Unterscheidung das **Genus**: Das Genus von *Tag* ist maskulin, das Genus von *Praktikum* ist neutral, und das Genus von *Zeitung* ist feminin.

Bei vielen Nomen kann man das Genus nicht erkennen. Am besten lernt man jedes Nomen zusammen mit dem richtigen **Artikel** – *der*, *das* oder *die*. Es gibt aber auch Nomen, die bestimmten **Regeln** folgen. Man sollte auch die wichtigsten dieser Regeln lernen:

1. Genus – ‚biologisch'

Der Mann hier ist Herr Weber.

Die Frau ist Frau Weber.

Die Schülerin hier ist Sabine Weber.

Der Schüler neben ihr ist Tom.

Herr Behrends ist der Deutschlehrer von Sabine und Tom.

„Ich bin Marion Müller, die neue Englischlehrerin."

⚠ Unabhängig vom Geschlecht = egal ob männlich oder weiblich:
das Kind – *das Baby* – *die Person*

2. Genus – abhängig von der Endung

Mit Artikel *der*

Nomen auf *-en*

„Wo steht der Wagen, Stefan?"

viele Nomen auf *-er*

„Der Drucker funktioniert nicht!"

⚠ Leider gibt es bei den Nomen auf *-er* viele Ausnahmen:
das Zimmer, die Nummer, ...

Aus dem **Verbstamm** kann man häufig Nomen bilden.
Diese Nomen sind maskulin: **anruf**en → *der* Anruf.

„Wer hat **angerufen**?" –
„Der Anruf war von deiner Mutter!"

Mit Artikel *das*

-chen

„Das Mädchen ist meine Schwester Lisa."

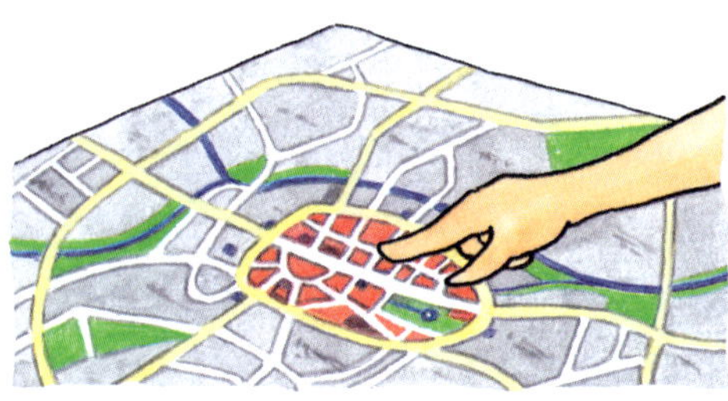

-um

„Das ist das Stadtzentrum."

Aus dem **Infinitiv** kann man Nomen bilden. Diese Nomen sind neutral:
aufstehen → das Aufstehen.

Sabine muss früh **aufstehen**.
Das Aufstehen ist für sie nicht leicht.

Mit Artikel *die*

-*e*

Das ist die Schulklasse von Lisa.

-*ei*

Die Bäckerei hat zu.

-*heit*

Joggen ist gut für die Gesundheit.

-*ik*

„Mach bitte die Musik leise!"

-*ion*/-*tion*

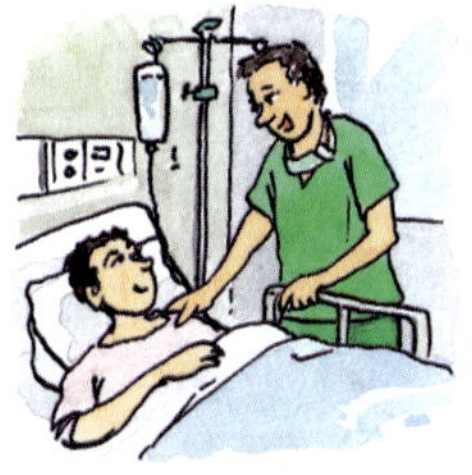

„Die Operation ist vorbei. Wie geht es Ihnen?"

-*keit*

Die maximal erlaubte Geschwindigkeit ist 30 km/h.

-*schaft*

„Die Landschaft ist wunderschön."

-*ung*

„Vielen Dank für die gute Beratung!"

-*ur*

„Was kostet die Reparatur?"

3. Genus – abhängig von der Bedeutung

Mit Artikel *der*

Tageszeiten

der Morgen / Vormittag / Mittag / Nachmittag / Abend
aber: die Nacht

Wochentage

der Montag / Dienstag / Mittwoch / Donnerstag / Freitag / Samstag / Sonntag

Monate

Himmelsrichtungen

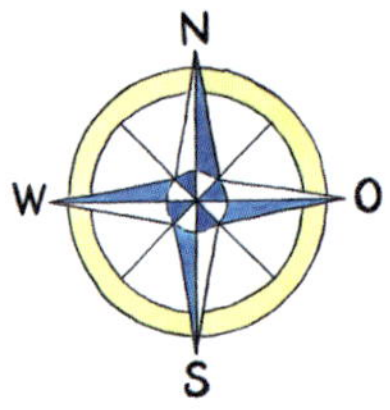

der Norden / Süden / Westen / Osten

Jahreszeiten

der Frühling / Sommer / Herbst / Winter

alkoholische Getränke

der Wein / Whisky / Sekt / ...
aber: das Bier

Automarken

der Mercedes / VW / Peugeot / Toyota ...

Mit Artikel *das*

Farbnamen

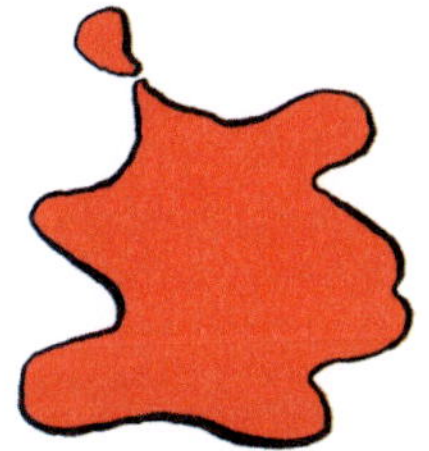

das Rot / Gelb / Blau / ...

Mit Artikel *die*

Zahlen

die Eins / Zwei / Drei / ...

Singular bedeutet: **nur eine** Person oder Sache (Einzahl).
Plural bedeutet: **mehr als eine** Person oder Sache (Mehrzahl).
Wenn man Nomen im **Plural** verwendet, ändern sich

- der **Artikel**,
- manchmal das **a**, **o** oder **u** im Wortstamm und
- meistens die **Endung** des Nomens.

1. Artikelformen

Der bestimmte Artikel im Plural ist immer die.
Bei unbestimmten Angaben fällt der Artikel weg (-).

der/ein Hund

die /- Hunde

das/ein Kind

die /- Kinder

die /eine Flasche

die /- Flaschen

2. Umlaute

Aus einem ***a***, ***o*** oder ***u*** im Wortstamm wird außerdem manchmal ein Umlaut:

der/ein B**a**rt

die /- Bärte

der/ein R**o**ck

die /- Röcke

die /eine K**u**h

die /- Kühe

3. Endungen

Die Pluralbildung ist komplex. Es gibt viele verschiedene Endungen.
Am besten, man lernt mit jedem neuen Nomen den Plural automatisch mit.

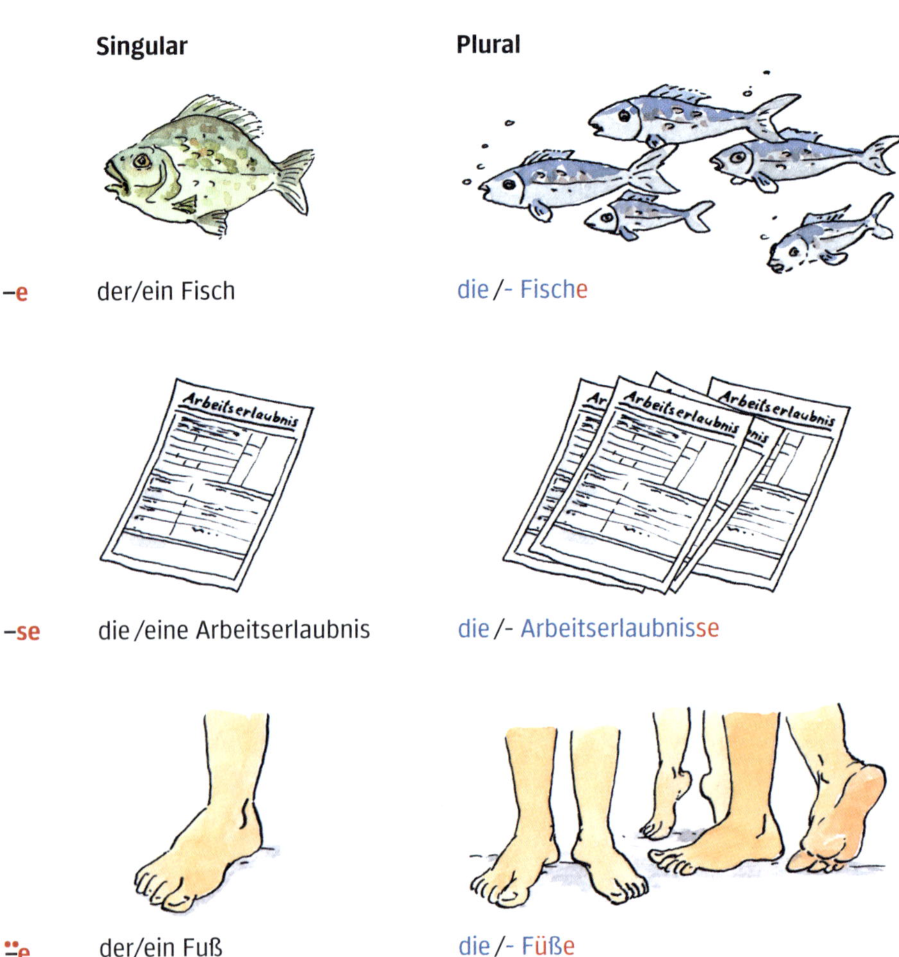

	Singular	**Plural**
–e	der/ein Fisch	die /- Fische
–se	die /eine Arbeitserlaubnis	die /- Arbeitserlaubnisse
¨–e	der/ein Fuß	die /- Füße

–(e)n die/eine Tasche — die/- Taschen

–nen die/eine Lehrerin — die/- Lehrerinnen

– der/ein Lehrer — die/- Lehrer

¨ der/ein Vogel — die/- Vögel

–er	das/ein Kind	die/- Kinder

¨er	das/ein Buch	die/- Bücher

–s	das/ein Auto	die/- Autos

1. Kasus – die Funktion von Satzgliedern

Ein Satz besteht aus mehreren Teilen. Diese Teile nennt man *Satzglieder*. Sie können auf verschiedenen Positionen im Satz stehen. Damit die Funktion eines Satzglieds im Satz trotzdem klar ist, hat jedes Nomen mehrere *Kasusformen*:

Nominativ: Subjekt
→ Wer oder was?

Sabine schreibt.

Akkusativ: direktes Objekt
→ Wen oder was?

Sabine schreibt einen Brief.

Dativ: indirektes Objekt (Adressat: Person oder Sache)
→ Wem oder was?

Sabine schreibt ihrem Freund einen Brief.

Das **Subjekt** ist die Person oder Sache, die etwas tut. Hier ist Sabine das **Subjekt**.
Direkt beim Akkusativobjekt beschreibt, worauf sich Sabines Tätigkeit („schreiben") überhaupt bezieht: **den Brief**.
Indirekt beim Dativobjekt heißt: Der Brief ist **für** den Freund. Der Freund ist der **Adressat**.

Nominativ	Verb	Dativ	Akkusativ
Sabine	schreibt	ihrem Freund	einen Brief.

Durch den Kasus weiß man immer, welche Funktion ein Satzglied hat, egal wo es steht:

Ich mache dir gleich einen Kaffee.
Dir mache ich gleich einen Kaffee.
Einen Kaffee mache ich dir gleich.

Ein Sonderfall ist der vierte Kasus, der **Genitiv**. Er zeigt den Besitzer an:
Zu wem / Wem gehört etwas oder jemand?
Um **wessen** Sache oder Person geht es?

Genitiv: Besitzer → Wessen?

Das ist Mimi, die Katze der Familie Weber.

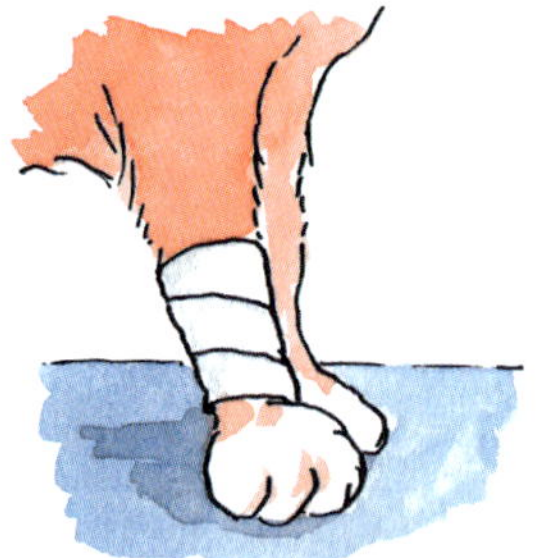

Mimis Bein ist verletzt.

Merke: Man kann den Besitzer auch mit *von* + Dativ anzeigen:
Das ist Mimi, die Katze **von** (der) Familie Weber.
Das Bein **von** Mimi ist verletzt.

2. Formen

Den Kasus erkennt man vor allem an der Endung des Artikelworts. Der Nominativ gilt als der Normalfall. Beim Akkusativ merkt man sich, dass nur die maskuline Form im Singular (den/einen) eine neue Endung hat. Bei der maskulinen und neutralen Form im Genitiv Singular und Dativ Plural hat auch das Nomen eine neue Endung.

Singular	maskulin	neutral	feminin
Nominativ	der/ein Sohn	das/ein Haus	die/eine Katze
Akkusativ	den/einen Sohn	das/ein Haus	die/eine Katze
Dativ	dem/einem Sohn	dem/einem Haus	der/einer Katze
Genitiv	des/eines Sohn(e)s	des/eines Hauses	der/einer Katze

Plural	maskulin	neutral	feminin
Nominativ	die/- Söhne	die/- Häuser	die/- Katzen
Akkusativ	die/- Söhne	die/- Häuser	die/- Katzen
Dativ	den/- Söhnen	den/- Häusern	den/- Katzen
Genitiv	der/- Söhne	der/- Häuser	der/- Katzen

⚠ Männliche Personen und Tiere auf -e: *der Kollege, der Franzose* (und viele andere Nationalitäten), *der Löwe*: Außer in der Grundform ist die Endung immer -en: *den/dem/des/die/den Kollegen*.

1. Kasus nach Verben

Welche und wie viele Satzglieder es gibt, hängt vor allem vom **Verb** ab. Das Verb dirigiert den Satz. Das heißt, das Verb bestimmt die Anzahl und den Kasus der Ergänzungen. Bei vielen Verben ist das einfacher, als man denkt. Als Hilfe hat jeder Kasus eine eigene Farbe bekommen: Der Nominativ ist blau, der Akkusativ grün und der Dativ gelb-orange.

Jedes Verb hat eine Nominativ-Ergänzung.

Es **regnet**. Die Katze **schläft**.

Die meisten Verben haben mehr als nur eine Kasus-Ergänzung. Die Verben *sein*, *werden*, *bleiben* und *heißen* besitzen eine zweite Nominativ-Ergänzung:

Stefan **ist** ein guter Skifahrer.

Max **wird** später mal Pilot.

Herr Knapp **bleibt** der Lehrer von Lisa.

Dieser See **heißt** Großer Rifflsee.

Die meisten Verben haben auch eine Akkusativ-Ergänzung.
Wenn man sich nicht sicher ist, welche Ergänzung richtig ist,
verwendet man am besten eine Akkusativ-Ergänzung.
Damit liegt man meistens richtig.

Sabine **mag** die Katze.

Einige Verben haben eine Akkusativ- **und** eine Dativ-Ergänzung.
Der Akkusativ bezeichnet hier die Sache und der Dativ den Adressaten:

Herr Weber **empfiehlt** den Touristen ein Restaurant.

„**Bringen** Sie mir einen Espresso, bitte!"

Frau Panahi **erzählt** ihrem Kind eine Geschichte.

„Kannst du mir bitte die Soße **geben**, Max?"

„**Sagen** Sie mir bitte Ihren Namen?"

Herr Panahi **schenkt** seiner Frau Blumen.

Herr Weber **schickt** seinem Kollegen eine E-Mail.

Es gibt aber auch Verben, die eine Dativ-Ergänzung, aber **keine** Akkusativ-Ergänzung haben.
Die wichtigsten sind: *antworten, danken, gefallen, gehören, helfen* und *schmecken.*

„Meine Mutter **hat** mir noch nicht **geantwortet**, wann sie kommt."

„Die Blumen sind wunderschön, ich **danke** dir."

„Dieser Pullover **gefällt** mir sehr."

„Diese Spielkonsole **gehört** meinem Bruder."

Stefan **hilft** seiner Mutter in der Küche.

Die neue Eissorte **schmeckt** den beiden gut.

2. Kasus nach Präpositionen

Außer dem Verb bestimmt auch eine **Präposition** den Kasus eines Nomens:
Es gibt Präpositionen mit Akkusativ, Dativ und Genitiv.
Man lernt deswegen die Präpositionen immer zusammen mit dem Kasus, der danach folgt.

für + Akkusativ

Diesen Krimi hat Max **für** den Urlaub gekauft.

zu + Dativ

„**Zu** unserer Hochzeit waren alle Freunde da, weißt du noch?"

während + Genitiv*

Lisa ist **während** des Films sehr müde geworden.

***Merke:** In der gesprochenen Sprache *während* + Dativ: **während** dem Film

Dort sitzt eine Katze.

Die Katze heißt Mimi.

Im Unterschied zu vielen anderen Sprachen verwendet man in der deutschen Sprache Artikelwörter.
Sie stehen vor dem Nomen und informieren über

- das Genus (maskulin, neutral, feminin),
- den Numerus (Singular oder Plural)
- und den Kasus (Nominativ, Akkusativ, Dativ, Genitiv)

des Nomens.

Wir unterscheiden bei den Artikelwörtern zwischen drei Kategorien:

1. unbestimmter Artikel: **ein/ein/eine** (S. 28)
2. bestimmter Artikel: **der/das/die** (S. 29)
3. Nullartikel: Hier steht vor dem Nomen gar kein Artikel (S. 32).

1. Unbestimmter Artikel *ein* / *ein* / *eine*

eine **neue/unbekannte Sache** oder **Person**

Stefans Freundin hat ein **Auto**.

ausdrücken, was eine **Sache/Person genau ist**

Das Auto ist ein **Sportwagen**.

die Anzahl: **genau 1**

„Ich hätte gern eine **Cola**."

Pronomen

„Elif, möchtest du auch eine (= eine Cola)?"

	maskulin	neutral	feminin	Plural
Nominativ	ein Mann	ein Kind	ein**e** Frau	-
Akkusativ	ein**en** Mann	ein Kind	ein**e** Frau	-
Dativ	ein**em** Mann	ein**em** Kind	ein**er** Frau	-
Genitiv	ein**es** Mannes	ein**es** Kindes	ein**er** Frau	-

2. Bestimmter Artikel *der / das / die*

Das **Nomen** hat man **schon genannt.**

„Dort auf der anderen Straßenseite siehst du **ein Mädchen**. Das **Mädchen** ist meine Schwester Lisa."

Das **Nomen** ist **allgemein bekannt**.

„Na, Sabine, wie war's heute in der **Schule**?"

Man betont, dass die Sache oder Person **einmalig** oder **etwas Besonderes** ist:

Superlativ

„Siehst du, Lisa, es war gar nicht so schlimm." – „Das war der **schlimmste** Tag meines Lebens!"

eine **ganz bestimmte** Person oder Sache

„Wie heißt der **hübsche Kerl dort drüben**?“

Namen von **speziellen Gebäuden**,
Seen, Flüssen und **Gebirgen**

„Wenn du hier bist, besuchen wir
den **Kölner Dom** und den **Starnberger See**,
fahren Rad an der **Isar**
und wandern in den **Alpen**.

einige Länder*

„Wollen wir in die **Schweiz**
oder in die **Türkei** fahren?“ –
„In die **Türkei**, ich will ans Meer.“

*auch: die Ukraine, die Mongolei, die USA (Plural)
Außerdem: (der) Irak, (der) Iran, (der) Sudan, (der) Libanon

Datum und Ordnungszahlen

„Weißt du noch? Am* **31. Dezember 1992** haben wir uns das **erste Mal** gesehen." – „Wirklich?"

an + dem =* ***am*

Pronomen

„Würdest du den Pullover nehmen oder den da?"

	maskulin	neutral	feminin	Plural
Nominativ	der Mann	das Kind	die Frau	die
Akkusativ	de**n** Mann	das Kind	die Frau	die
Dativ	de**m** Mann	de**m** Kind	de**r** Frau	de**n**
Genitiv	de**s** Mannes	de**s** Kindes	de**r** Frau	de**r**

3. Nullartikel

Nullartikel bedeutet, dass **kein** Artikel verwendet wird.
In folgenden Fällen steht kein Artikel vor dem Nomen:

Eigennamen

„Hallo, ich heiße **Yasemine Mustafa** und bin in einer Schulklasse mit Lisa Weber."

Nationalitäten

„Ich bin **Syrerin**."

Namen von **Städten** und der meisten **Länder**

„Ich komme aus **Aleppo**. Das liegt im Norden von **Syrien**."

Berufe

„Mein Vater ist **Zahntechniker**."

Materialien und **Stoffe** in **unbestimmter Menge**

„Nach der Arbeit trinkt er gern **Tee**. Die Kanne ist aus grünem **Glas**."

Eigenschaften und **Gefühle**

„Meine Eltern brauchen viel **Kraft** und **Motivation**, um Deutsch zu lernen. Aber es macht auch Spaß!"

Zeitangaben ohne Präposition

„**Nächste Woche** machen sie die B1-Prüfung."

vor Nomen nach **Gewichts-, Maß-** und **Mengenangaben**

„Ich esse vor einer Prüfung immer eine Tafel **Schokolade**."

Wenn im Singular der unbestimmte Artikel vor dem Nomen steht, braucht man im **Plural** keinen Artikel (= Nullartikel):
ein Fahrrad → **Fahrräder**

Der bestimmte Artikel (*der/das/die*) und der unbestimmte Artikel (*ein/ein/eine*) sind nicht die einzigen Artikelwörter.

Weitere Artikelwörter findet man im Folgenden:

1. *dieser*, *dieses*, *diese*

eine **ganz bestimmte** Person oder Sache

In diesem Haus ist der Kindergarten von Dana.

Tipp: Die Endungen lernt man schnell, denn sie sind die gleichen wie bei der/das/die.

	maskulin	neutral	feminin	Plural
Nominativ	dieser Mann	dieses Kind	diese Frau	diese
Akkusativ	diesen Mann	dieses Kind	diese Frau	diese
Dativ	diesem Mann	diesem Kind	dieser Frau	diesen
Genitiv	dieses Mannes	dieses Kindes	dieser Frau	dieser

2. *jeder*, *jedes*, *jede* / *alle*

die **gesamte Gruppe** von Personen/Sachen

Für jedes Kind / alle Kinder beginnt der Kindergarten am Morgen.

Jeder, *jedes*, *jede* stehen immer im Singular; *alle* steht immer im Plural:

Jedes Kind bekommt ein gesundes Frühstück.
Alle Kinder bekommen ein gesundes Frühstück.

	maskulin	neutral	feminin	Plural
Nominativ	jeder Mann	jedes Kind	jede Frau	alle
Akkusativ	jeden Mann	jedes Kind	jede Frau	alle
Dativ	jedem Mann	jedem Kind	jeder Frau	allen
Genitiv	jedes Mannes	jedes Kindes	jeder Frau	aller

1. Bedeutung

Der Possessivartikel zeigt,
- wem etwas gehört oder
- zu wem/was etwas gehört.

Eine Sache **gehört** jemand, jemand **besitzt** sie.

„Nein, das ist mein Eis!"

Eine Person **gehört zu** jemand oder einer Gruppe.

„Aber ich bin dein Bruder!"

Eine Sache **gehört zu** etwas / **zu** einem System, **ist Teil** davon.

Das ist das Auto von den Webers. Sein Motor ist kaputt.

2. Formen

ich → mein Kaffee

du → dein Kaffee

er → sein Kaffee

es → sein Schnuller

sie → ihr Kakao

wir → unser Vater

ihr → euer Vater

sie → ihr Auto

Sie → Ihr Schlüssel

Sie → Ihr Schlüssel

der Schlüssel →
ich und mein Schlüssel

das Auto →
ich und mein Auto

die Flasche →
ich und meine Flasche

		maskulin	neutral	feminin	Plural
ich	→	mein Schlüssel	mein Auto	meine Flasche	meine Schlüssel/ Autos/Flaschen
du	→	dein Schlüssel	dein Auto	deine Flasche	deine Schlüssel/ Autos/Flaschen
er	→	sein Schlüssel	sein Auto	seine Flasche	seine Schlüssel/ Autos/Flaschen
es	→	sein Schlüssel	sein Auto	seine Flasche	seine Schlüssel/ Autos/Flaschen
sie	→	ihr Schlüssel	ihr Auto	ihre Flasche	ihre Schlüssel/ Autos/Flaschen
wir	→	unser Schlüssel	unser Auto	uns(e)re Flasche	uns(e)re Schlüssel/ Autos/Flaschen
ihr	→	euer Schlüssel	euer Auto	eure Flasche	eure Schlüssel/ Autos/Flaschen
sie/Sie	→	ihr/Ihr Schlüssel	ihr/Ihr Auto	ihr/Ihre Flasche	ihre/Ihre Schlüssel/ Autos/Flaschen

⚠ Der Possessivartikel selbst hängt vom *Besitzer* ab,
die Endung aber von der zugehörigen Person oder Sache:

Herr Weber küsst seine *Frau*.

Ab 8.30 Uhr ist *Frau Weber* in ihrem *Büro*.

	maskulin	neutral	feminin	Plural
Nominativ	mein	mein	meine	meine
Akkusativ	meinen	mein	meine	meine
Dativ	meinem	meinem	meiner	meinen
Genitiv	meines	meines	meiner	meiner

Ebenso: *dein*, *sein*, *ihr*, *unser*, *euer*, *ihr*, *Ihr*

1. Bedeutung

Personalpronomen verwendet man, wenn man ein **Nomen** nicht wiederholen will:

Frau Weber ist im Büro.
Sie macht Notizen.

Sie = Frau Weber

Der **Chef**, Herr Wollters,
ruft sie an.

sie = Frau Weber

Er gibt ihr einen **Brief**.
Sie soll ihn lesen.

Er = der Chef
ihr = Frau Weber
Sie = Frau Weber
ihn = den Brief

2. Formen

Das Personalpronomen hat wie das Nomen, das es ersetzt,

- ein Genus: maskulin, neutral oder feminin;
- einen Kasus: Nominativ, Akkusativ oder Dativ;
- einen Numerus: Singular oder Plural.

Nominativ	Akkusativ	Dativ
 „Das bin ich, Sabine.“	mich	mir
 „Wer bist du?“	dich	dir
 „Das ist mein Bruder, er heißt Max.“	ihn	ihm
 „Das ist ein Baby, es heißt Alex.“	es	ihm
 „Das ist meine Schwester, sie heißt Lisa.“	sie	ihr

Nominativ	Akkusativ	Dativ
 „Lisa, Max und ich, wir sind Geschwister."	uns	uns
 „Lisa und Max, ihr wartet hier!"	euch	euch
 „Lisa und Max, sie verstehen sich gut."	sie	ihnen
 „Sind Sie nicht Herr Müller?"	Sie	Ihnen
 „Sind Sie beide zum ersten Mal in Deutschland?"	Sie	Ihnen

Merke: Die *Du*-Form verwendet man für die **informelle Anrede**.
Man benutzt sie für Kinder, Freunde und Familienmitglieder.
Für die **formelle Anrede** verwendet man die *Sie*-Form.
Die *Sie*-Form ist für alle erwachsenen Personen, die man nicht kennt.
Erst wenn man darüber gesprochen hat, *Du* zu sagen, sollte man
die *Du*-Form auch verwenden.

⚠ Das Wörtchen *ihr* kann ein Personalpronomen sein: Ich helfe ihr oft.
Aber es kann auch ein Possessivartikel sein:
Frau Weber arbeitet in einem Büro. Herr Wollters ist ihr Chef.

3. Position im Satz

Das Personalpronomen
steht im Satz **vor** dem Nomen:

		Personalpronomen	Nomen
Sabine	gibt	ihm (= Max)	die Schokolade.
Sabine	gibt	sie (= die Schokolade)	Max.

Bei zwei Personalpronomen steht das Personalpronomen im Akkusativ
vor dem Personalpronomen im Dativ:

		Akkusativ	Dativ
Sabine	gibt	sie (= die Schokolade)	ihm (= Max).

1. Bedeutung

Mit einem **Indefinitpronomen** ersetzt man ein Nomen. *Indefinit* bedeutet, dass die Person oder Sache **unbestimmt** oder **unbekannt** ist.

man
jeder Mensch, alle Menschen, die Leute

„Hier kann man alles kaufen!“

etwas
unbestimmte Sache oder unbestimmter Sachverhalt

„Ich soll meiner Mutter etwas mitbringen.“

mehr
eine unbestimmte Menge zusätzlich; Komparativ von *viel*

„Kann es ein bisschen mehr sein?“

alles
Gesamtheit einer unbestimmten Menge; Gegenteil von *nichts*

„Ich glaube, jetzt habe ich alles."

Merke:

- In der gesprochenen Sprache verwendet man statt *etwas* oft die **Kurzform** *was*: „Ich soll meiner Mutter was mitbringen."

2. Formen

Etwas, *mehr* und *alles* bleiben unverändert:
Alles (= Nominativ) ist gut. – Max sieht alles (= Akkusativ).

Man ist jetzt nur im Nominativ wichtig, Akkusativ und Dativ folgen später.

Mit einem Adjektiv kann man beschreiben, wie etwas oder jemand ist.

Wenn das Adjektiv sich auf ein Verb bezieht, hat es keine Endung:
„Das T-Shirt ist neu. Das T-Shirt sieht hübsch aus."

Mit Adjektiven kann man Sachen oder Personen **vergleichen** (= **Komparation**).
Formen dafür sind der **Komparativ** (kleiner) und der **Superlativ** (am kleinsten).

Lisa ist **klein**.

Max ist kleiner als Lisa.

Die Katze von Webers ist am kleinsten.

Lisa ist		**klein.**			**Grundform**
Max ist		klein	er.		**Komparativ**
Die Katze ist	am	klein	st	en.	**Superlativ**

Für viele Verben bildet man die Formen für die Gegenwart (Präsens) so: Von der Grundform (Infinitiv) nimmt man das -en am Ende weg, dann bleibt der Stamm übrig:
gehen → geh~~en~~ → geh-.
Jetzt muss man zeigen, **wer** etwas tut.
Dafür muss man

- eine neue Endung dranhängen und
- eine Person davorsetzen, die etwas tut.

	gehen
ich	gehe
du	gehst
er, es, sie	geht
wir	gehen
ihr	geht
sie, Sie	gehen

Wer?	geh-
ich	-e
du	-st
er, es, sie	-t
wir	-en
ihr	-t
sie, Sie	-en

ich

geh-

ich gehe

du + geh- = du gehst

er + geh- = er geht

es + geh- = es geht

sie + geh- = sie geht

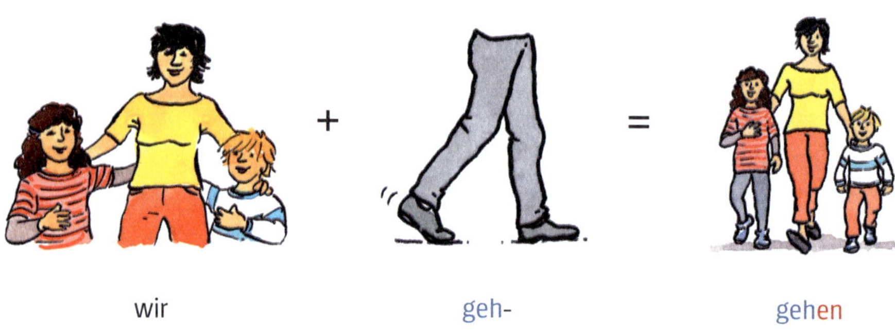

wir + geh- = gehen

ihr + geh- = ihr geht

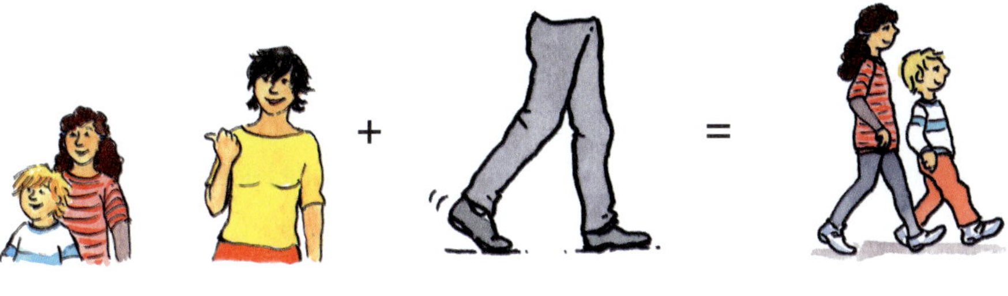

sie geh- sie gehen

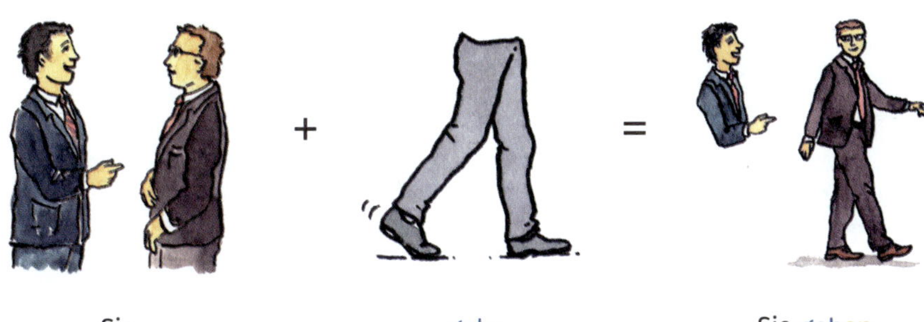

Sie geh- Sie gehen

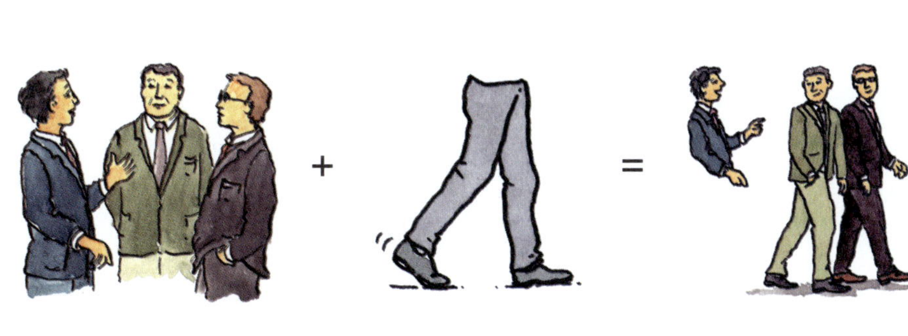

Sie geh- Sie gehen

So wie bei *gehen* bildet man die Formen von sehr vielen Verben: z. B. *kommen*, *leben*, *wohnen*, *liegen*, *lernen*, *kaufen*, *machen*, *spielen*, *hören*.

Manche Verben bildet man anders, weil dann die Aussprache leichter ist.

1. Verben mit Stamm auf -d/-t

Hier gibt es in drei Fällen ein zusätzliches e.

Max findet sein Buch.

	finden
ich	finde
du	findest
er, es, sie	findet
wir	finden
ihr	findet
sie, Sie	finden

	arbeiten
ich	arbeite
du	arbeitest
er, es, sie	arbeitet
wir	arbeiten
ihr	arbeitet
sie, Sie	arbeiten

2. Verben mit Stamm auf -s/-ß

Hier gibt es nur **ein** -s/-ß, man hängt also in der Du-Form nur ein -t an den Stamm.

	reisen
ich	reise
du	reist
er, es, sie	reist
wir	reisen
ihr	reist
sie, Sie	reisen

	heißen
ich	heiße
du	heißt
er, es, sie	heißt
wir	heißen
ihr	heißt
sie, Sie	heißen

3. Verben mit Stamm auf -el/-er

Hier hängt man in der Wir- und Sie-Form nur ein -n an den Stamm. Die Ich-Form von Verben mit Stamm auf -el verliert das e.

	radeln
ich	radle
du	radelst
er, es, sie	radelt
wir	radeln
ihr	radelt
sie, Sie	radeln

	wandern
ich	wandere
du	wanderst
er, es, sie	wandert
wir	wandern
ihr	wandert
sie, Sie	wandern

Andere Beispiele für
Verben auf -el: klingeln, lächeln
Verben auf -er: ändern, speichern

4. Verben mit Vokalwechsel

Bei einigen Verben muss man besonders gut aufpassen. Hier wechselt in den Du- und Er-/Es-/Sie-Formen der Vokal im Wortstamm, wie zum Beispiel bei *schlafen*, *geben* und *sehen*:

„Warum schläfst Du noch nicht, Lisa?“

„Gibst Du mir 5 Euro?“

Ohne Brille sieht Frau Weber nichts.

Merke: Die folgenden Buchstaben sind Vokale: a, e, i, o, u und ä, ö, ü.

Folgende Vokalwechel sind wichtig:

	a → ä schlafen
ich	schlafe
du	schläfst
er, es, sie	schläft
wir	schlafen
ihr	schlaft
sie, Sie	schlafen

	e → i geben
ich	gebe
du	gibst
er, es, sie	gibt
wir	geben
ihr	gebt
sie, Sie	geben

	e → ie sehen
ich	sehe
du	siehst
er, es, sie	sieht
wir	sehen
ihr	seht
sie, Sie	sehen

Andere Beispiele für

- a → ä: *fahren*, *lassen*, *schlagen*
- e → i: *helfen*, *nehmen*, *sprechen*, *treffen*
- e → ie: *empfehlen*, *lesen*

Perfekt (I): das Perfekt mit *haben*

Das Perfekt verwendet man, um zu sagen, dass etwas in der Vergangenheit passiert ist.

„Heute Morgen habe ich das Ticket für deinen Flug gebucht, Mama."

Das Perfekt bildet man mit *haben* oder mit *sein.*

Mit *haben* bildet man das Perfekt bei den **meisten** Verben.

„Was hast du am Wochenende gemacht?" – „Ich habe ein neues Dirndl gekauft."

Um das Perfekt zu bilden, braucht man die richtige Form von *haben* und das Partizip Perfekt des Verbs, das man in die Vergangenheit setzen will.

		kaufen	**sich beeilen**
ich	habe	gekauft	mich beeilt
du	hast	gekauft	dich beeilt
er, es, sie	hat	gekauft	sich beeilt
wir	haben	gekauft	uns beeilt
ihr	habt	gekauft	euch beeilt
sie, Sie	haben	gekauft	sich beeilt

1. Das Perfekt bei regelmäßigen Verben

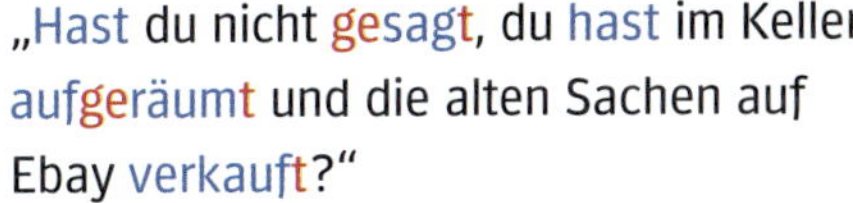

„Hast du nicht gesagt, du hast im Keller aufgeräumt und die alten Sachen auf Ebay verkauft?“

„Hast du dich nicht rasiert?“

					ebenso:
sagen →		ge	sag	t	arbeiten → gearbeitet / holen → geholt / machen → gemacht / ...
aufräumen* →	auf	ge	räum	t	abholen → abgeholt / einkaufen → eingekauft / ...
verkaufen** →			verkauf	t	besuchen → besucht / erreichen → erreicht / gehören → gehört / ...
rasieren** →			rasier	t	probieren → probiert / studieren → studiert / telefonieren → telefoniert / ...

*Bei trennbaren Verben kommt -*ge*- zwischen die Vorsilbe und den Stamm des Verbs.

**Bei Verben, die mit *be-*, *er-*, *ge-* oder *ver-* beginnen (untrennbare Verben) und bei Verben auf *-ieren*: Perfektbildung ohne -*ge*-.

2. Das Perfekt bei unregelmäßigen Verben

„Hast du den Autoschlüssel gefunden?" –
„Nein. Ich habe ihn wohl verloren."

„Marie hat gerade angerufen.
Sie hat den Schlüssel gefunden!"

					ebenso:
finden →		ge	fund	en	fahren → gefahren / sehen → gesehen / singen → gesungen /...
anrufen →	an	ge	ruf	en	aussehen → ausgesehen / mitnehmen → mitgenommen / wegwerfen → weggeworfen /...
verlieren* →			verlor	en	bekommen → bekommen / empfehlen → empfohlen / gefallen → gefallen /...

*Bei den Verben mit *be-*, *emp-*, *er-*, *ge-*, *ver-* (untrennbare Verben):
Perfektbildung ohne *-ge-*

3. Die Wortstellung im Satz

Haben steht (wie jedes konjugierte Verb in Aussagsätzen) an Position 2.
Das Hauptverb kommt dafür von Position 2 ans Satzende:

		Position 2		Satzende
Präsens	Ich	koche	Kaffee.	
Perfekt	Ich	habe	Kaffee	gekocht.

Das Perfekt verwendet man, um zu sagen, dass etwas in der Vergangenheit passiert ist.

Die Panahis sind heute Morgen früh aufgestanden.

heute Morgen

Jetzt wandern sie in den Alpen.

jetzt

Mit *sein* bildet man das Perfekt bei:

Verben, die einen **Ortswechsel** anzeigen:
z. B. *fahren, fallen, fliegen, gehen, kommen, laufen, rennen, springen, steigen, reisen, schwimmen, wandern.*

„Ich bin nur 30 km/h gefahren. Der Junge ist plötzlich über die Straße gelaufen."

Merke: Das Perfekt mit *sein* bilden auch verwandte Verben mit **trennbarer Vorsilbe**:
steigen – **aus**steigen – **ein**steigen – **um**steigen ...

Verben, die einen **Zustandswechsel** anzeigen:
z. B. *aufwachen, fallen, landen, passieren, starten, sterben, werden.*

„Ich hoffe, dem Jungen ist nichts Schlimmes passiert!"

den Verben *sein* und *bleiben.*

„Ich bin ganz langsam gewesen und sofort stehen geblieben."

Um das Perfekt zu bilden, braucht man die richtige Form von *sein* und das Partizip Perfekt des Verbs, das man in die Vergangenheit setzen will.

		fahren	**aussteigen**	**sein**
ich	bin	gefahren	ausgestiegen	gewesen
du	bist	gefahren	ausgestiegen	gewesen
er, es, sie	ist	gefahren	ausgestiegen	gewesen
wir	sind	gefahren	ausgestiegen	gewesen
ihr	seid	gefahren	ausgestiegen	gewesen
sie, Sie	sind	gefahren	ausgestiegen	gewesen

1. Das Perfekt bei regelmäßigen Verben

„Was ist passiert?“ –
„Unser Flugzeug ist gelandet.“

„Oh nein, ich bin viel zu spät aufgewacht!“

					ebenso:
reisen →		ge	reis	t	landen → gelandet / starten → gestartet / wandern → gewandert ...
aufwachen* →	auf	ge	wach	t	auswandern → ausgewandert / einreisen → eingereist / ...
passieren** →			passier	t	explodieren → explodiert

*Bei trennbaren Verben kommt *-ge-* zwischen die Vorsilbe und den Stamm des Verbs.

**Bei Verben auf *-ieren*: Perfektbildung ohne *-ge-*

2. Das Perfekt bei unregelmäßigen Verben

Max ist vom Baum gefallen.

Der Zug ist abgefahren.

					ebenso:
bleiben →		ge	blieb	en	fahren → gefahren / fallen → gefallen / fliegen → geflogen / gehen → gegangen / kommen → gekommen / laufen → gelaufen / sein → gewesen / springen → gesprungen / steigen → gestiegen / werden → geworden
abfahren*→	ab	ge	fahr	en	abfliegen → abgeflogen / einsteigen → eingestiegen

*Bei trennbaren Verben kommt -*ge*- zwischen die Vorsilbe und den Stamm des Verbs.

3. Die Wortstellung im Satz

Sein steht (wie jedes konjugierte Verb in Aussagesätzen) an Position 2.
Das Hauptverb kommt dafür von Position 2 ans Satzende:

		Position 2		Satzende
Präsens	Ich	fahre	nach Hause.	
Perfekt	Ich	bin	nach Hause	gefahren.

„Ich möchte jetzt mit Bilkay ins Schwimmbad gehen."

„Du darfst nicht schwimmen gehen, du bist erkältet. Der Arzt hat gesagt, du musst zu Hause bleiben."

Mit einem Modalverb kann man ausdrücken, dass eine Aktion

- möglich (können),
- erlaubt/verboten (dürfen, können),
- notwendig (müssen),
- beabsichtigt (wollen) oder
- erwünscht („möchten") ist.

Dazu braucht man die passende Form des Modalverbs und den Infinitiv des Verbs, auf das sich das Modalverb bezieht.

Das konjugierte Modalverb steht dabei immer an ‚normaler' Verbposition, das Hauptverb steht im Infinitiv am Satzende.

Ohne Modalverb:	Ich	gehe	jetzt	zu Bilkay.	
Mit Modalverb:	Ich	möchte	jetzt	zu Bilkay	gehen.

Um die **Vergangenheit** mit einem Modalverb auszudrücken, verwendet man meistens die Form des **Präteritums**: Ich **wollte** letztes Jahr nach Frankreich fahren. Bei Modalverben ist das Perfekt unüblich.

1. *können*

Fähigkeit

„Herr Tatlises, welche Sprachen können Sie sprechen?"

Möglichkeit / Gelegenheit

„Viele Informationen können Sie auch auf unserer Website finden: www.willkommen-in-*.de."

Erlaubnis / Verbot

„Sie können mit diesem Ticket **nicht** bis zum Flughafen fahren. Sie können nur in der Innenstadt fahren."

Bitte

„Können Sie mir bitte beim Ausfüllen helfen?"

Bitte (Höflichkeitsform)

„Könnten* Sie mir bitte beim Ausfüllen helfen?"

Vorschlag / Angebot

„Vielleicht kann ich Ihnen beim Ausfüllen helfen?"

*Diese Höflichkeitsform heißt Konjunktiv II.

Von der **Höflichkeitsform** (Konjunktiv II) sollte man diese drei Formen lernen:
Könntest du ... / Könntet ihr ... / Könnten Sie ... (+ *bitte*)?

	Präsens	Präteritum
ich	kann	konnte
du	kannst	konntest
er, es, sie	kann	konnte
wir	können	konnten
ihr	könnt	konntet
sie, Sie	können	konnten

2. *dürfen*

Erlaubnis / Verbot

„Man darf nur bei Grün über die Ampel gehen." /
„Bei Rot darf man nicht über die Ampel gehen."

Bitte

„Darf ich Sie um einen Gefallen bitten? Bitte helfen Sie mir über die Straße."

Vorschlag

„Darf ich Ihnen über die Straße helfen?"

Merke: *Dürfen* betont bei der Bedeutung „Erlaubnis / Verbot" mehr als *können* die Person, die erlaubt oder verbietet. Bei den Bedeutungen „Bitte" und „Vorschlag" ist *dürfen* formeller als *können*.

	Präsens	**Präteritum**
ich	darf	durfte
du	darfst	durftest
er, es, sie	darf	durfte
wir	dürfen	durften
ihr	dürft	durftet
sie, Sie	dürfen	durften

1. *müssen*

Notwendigkeit

„Wir müssen einen neuen Fußball kaufen!“

Vorschrift

„Hier steht, wir müssen die Rechnung sofort bezahlen.“

Pflicht

„Du musst es mir bis heute Abend zurückbringen, Anna.“

2. *sollen*

fragen, was sinnvoll ist

„Was soll ich tun?"

3. Formen

	Präsens		Präteritum	
	müssen	**sollen**	**müssen**	**sollen**
ich	muss	soll	musste	sollte
du	musst	sollst	musstest	solltest
er, es, sie	muss	soll	musste	sollte
wir	müssen	sollen	mussten	sollten
ihr	müsst	sollt	musstet	solltet
sie, Sie	müssen	sollen	mussten	sollten

Merke: Bei Modalverben fällt in der Umgangssprache manchmal das Hauptverb weg – insbesondere *gehen* oder *fahren*:
Mit der Erkältung musst du zum Arzt (gehen).
Wir müssen noch schnell zur Apotheke (fahren).

Wunsch

„Möchten Sie schon bestellen oder wollen Sie noch warten?“

Absicht, Plan

„Ich will im Herbst ein Praktikum bei Siemens machen.“

Mit „*möchten*“ und *wollen* drückt man Wünsche aus.
Mit „*möchten*“ drückt man einen Wunsch nicht so direkt aus wie mit *wollen*.
So formuliert man höflich einen Wunsch.

Mit *wollen* kann man auch eine Absicht oder einen Plan ausdrücken.

„*Möchten*“ ist übrigens gar kein richtiger Infinitiv,
sondern eine besondere Form (Konjunktiv II) des Verbs *mögen*.

Merke: Auch bei *wollen* und „*möchten*“ fällt in der Umgangssprache manchmal das Hauptverb weg, vor allem *haben*, aber auch andere Verben:

Ich will dieses T-Shirt nicht (haben).
Möchtest du lieber eine Cola (haben)?
Wir wollen über Ostern nach Berlin (fahren).
Ich möchte nicht nach Düsseldorf (umziehen).
Wollen Sie ein anderes Flugzeug (nehmen)?
Willst du mit ins Kino (gehen)?

	Präsens		Präteritum	
	wollen	**„möchten“**	**wollen**	**„möchten“**
ich	will	möchte	wollte	
du	willst	möchtest	wolltest	
er, es, sie	will	möchte	wollte	
wir	wollen	möchten	wollten	
ihr	wollt	möchtet	wolltet	
sie, Sie	wollen	möchten	wollten	

Merke: Um „*möchten*“ in der Vergangenheit zu verwenden, nimmt man einfach das Präteritum von *wollen*.

Tipp: Es gibt noch eine gute Möglichkeit, einen Wunsch höflich zu formulieren. Wenn man gerne etwas *tun* möchte, verwendet man eine spezielle Form (Konjunktiv II) von *werden*: würde + *gern(e)*

	Präsens
ich	würde gern ...
du	würdest gern ...
er, es, sie	würde gern ...
wir	würden gern ...
ihr	würdet gern ...
sie, Sie	würden gern ...

1. *sein*

Identität einer Person

„Sind Sie **Stefan Weber**?" –
„Ja, **das** bin ich."

Beruf

„Was sind Sie **von Beruf**?" –
„Ich bin **Krankenpflegerin**."

sein + Pronomen *das*

„Was ist denn das da?" –
„Das ist eine Laterne."

sein + Ort

„Bist du oben, Schatz?" –
„Ich bin im Keller!"

sein + Material

„Dieser Stuhl ist aus Holz und Leder."

sein + Adjektiv

„Wie ist denn das Buch? Ist es interessant oder langweilig?"

sein + Adjektiv + Dativ-Ergänzung

„Mir ist kalt, bitte mach das Fenster zu!"

sein + Adjektiv bei unpersönlichen Ausdrücken (feste Wendungen)

„Es ist schwer, jeden Tag so viel Neues zu lernen!"

sein + Uhrzeit + es

„Wie spät ist es?" –
„Es ist gleich 8."

sein + Wochentag / Tageszeit / Jahreszeit / Wetter + es

„Es ist Samstag, es ist Sommer, und es ist sonnig!"

sein + Nomen im Nominativ

„Ich habe zwei Tore geschossen!" –
„Du bist ein Held!"

Es gibt ein paar spezielle Ausdrücke mit *sein*. Sie sind wichtig.
Man sollte sie sich merken.

auf sein

da sein

weg sein

dabei sein

los sein

zusammen sein

... (Jahre alt) sein

einkaufen sein

„Wie ist/war es?“

	Präsens	Präteritum	Perfekt
ich	bin	war	bin gewesen
du	bist	warst	bist gewesen
er, es, sie	ist	war	ist gewesen
wir	sind	waren	sind gewesen
ihr	seid	wart	seid gewesen
sie, Sie	sind	waren	sind gewesen

Sein hat verschiedene Funktionen, die man später noch kennenlernen wird.
Die wichtigste Funktion, die man jetzt schon kennenlernen sollte:
Mit *sein* bildet man das Perfekt einiger Verben.

2. *haben*

haben + Nomen im Akkusativ

„Hast du 5 Euro für mich?
Ich habe kein Geld für eine Fahrkarte."

Einen Satz mit *sein* + Adjektiv kann man oft auch mit *haben* + Nomen bilden:

haben + Nomen im Akkusativ

„Seid ihr durstig oder hungrig?" –
„Wir haben Durst und Hunger."

Es gibt ein paar spezielle Ausdrücke mit *haben* (+ es).
Man sollte sie sich merken:

es eilig haben

Sabine hat es eilig.

es leicht haben

Lisa hat es leicht.

es schwer haben

Der arme Andi hat es schwer.

Geburtstag haben

Lisa hat bald Geburtstag.

Merke: Mit *haben* drückt man auch **höflich** einen Wunsch aus:
Ich hätte gern eine Cola.

Mit *haben* bildet man auch das Perfekt von den meisten Verben (siehe nächste Seite).

	Präsens	Präteritum	Perfekt
ich	habe	hatte	habe gehabt
du	hast	hattest	hast gehabt
er, es, sie	hat	hatte	hat gehabt
wir	haben	hatten	haben gehabt
ihr	habt	hattet	habt gehabt
sie, Sie	haben	hatten	haben gehabt

3. *werden*

Mit *werden* drückt man einen Vorgang aus:

werden + Nomen im Nominativ

„Unser Sohn studiert gerade fleißig, er wird Arzt."

werden + Adjektiv

„Ich bin noch nicht groß, aber ich werde täglich größer. Bald werde ich schon 10 Jahre alt."

Merke: Mit *werden* drückt man auch **höflich** einen **Wunsch** aus: Würden Sie mir bitte helfen?

	Präsens	Perfekt
ich	werde	bin geworden
du	wirst	bist geworden
er, es, sie	wird	ist geworden
wir	werden	sind geworden
ihr	werdet	seid geworden
sie, Sie	werden	sind geworden

Man **findet etwas** oder **jemand gut**? Es gibt verschiedene Verben und Ausdrücke, mit denen man seine Sympathie oder Zustimmung ausdrücken kann:

1. Verben und Ausdrücke mit Akkusativ

mögen

drückt aus, dass man jemand oder etwas **gut findet**

„Ich mag Katzen. Und du?" – „Ich mag Hunde lieber."

„möchten"

höfliche Formulierung, um zu sagen, was man **gerne will**

„Ich möchte eine zweite Katze."

jemand oder etwas (nicht) **gern(e) haben**

drückt aus, dass man jemand oder etwas (nicht) **gut findet**

„Büroarbeit zu Hause – das habe ich gar nicht gern!"

etwas **gern(e) tun**

eine **Aktivität** mögen

„Ich würde jetzt gern einfach nichts machen!"

lieben

sagt man, wenn man etwas oder jemand **sehr, sehr gerne mag**

„Ich liebe Marmorkuchen!"

2. Verben und Ausdrücke mit Dativ

etwas oder jemand **gefällt** jemand

jemand oder etwas **gut** oder **schön finden**

„Wie gefällt dir der Film?"

etwas **schmeckt** jemand

ein **Getränk** oder **Essen gut finden**

„Der Film ist gut, aber das Popcorn schmeckt mir gar nicht!"

⚠ Bei Essen und Trinken verwendet man *schmecken* und **nicht** *gefallen*.

Im Münchener Hauptbahnhof kommen viele Menschen an. Einige Menschen steigen um und fahren weiter.

Viele Verben in der deutschen Sprache können eine trennbare Vorsilbe bekommen,
zum Beispiel *an-*, *um-* oder *weiter-*. Durch sie entsteht ein neues Verb:

- *an-* + kommen → ankommen
- *um-* + steigen → umsteigen
- *weiter-* + fahren → weiterfahren

1. Die trennbaren Vorsilben

ab-

Dieser Zug fährt gerade ab.

an-

Dieser Zug kommt gerade an.

auf-

Die Türen gehen automatisch auf.

aus-

Viele Passagiere steigen aus.

ein-

Neue Passagiere steigen ein.

mit-

Die kleine Dana kommt mit.

um-

„Sie müssen in Frankfurt umsteigen."

vor-

Sie schlägt vor, dass Dana schläft.

weiter-

Der Zug hält in Hannover und fährt dann weiter nach Hamburg.

zu-

Der Zugbegleiter macht die Türen zu.

zurück-

Dana hat ihre Puppe zurückgelassen.

zusammen-

„Wir müssen jetzt zusammenpacken."

2. Position der trennbaren Verben im Satz

	Position 2		Satzende	
Wann	reist	ihr	ab?	**Präsens** einfach
Wir	müssen	morgen	abreisen.	... mit Modalverb
Mein Bruder	plant,	erst übermorgen	abzureisen.	... mit Infinitiv mit *zu*
Meine Eltern	sind	schon gestern	abgereist.	**Perfekt**

Merke: Es gibt in der deutschen Sprache auch noch Verben mit den Vorsilben *be-*, *emp-*, *er-*, *ge-*, *ver-*. Diese Vorsilben sind **nicht trennbar**:

Er **ver**steht dich.
Wir **emp**fehlen dieses Restaurant.
Dieses Kleid **ge**fällt mir.

Verben mit **nicht trennbarer Vorsilbe** haben oft eine völlig andere Bedeutung als dieselben Verben ohne Vorsilben. Die lernt man nach und nach kennen:

Ich **besuche** dich. – Ich suche dich.

Max sucht Thomas.

Max besucht Thomas.

Man möchte ausdrücken,

- **wo** jemand oder etwas ist,
- **wohin** jemand oder etwas geht/fährt/fliegt,
- **woher** jemand oder etwas kommt.

Dann braucht man in der deutschen Sprache die richtige lokale Präposition. Eine Präposition ist ein kleines Wort vor dem Nomen.
Lokal bedeutet *auf den Ort bezogen*.
Man sollte jede Präposition mit dem speziellen Fall lernen, in dem das Nomen danach stehen muss, denn nur so kann man die richtige Form des Artikelwortes bilden. Dort wo die Form sich ändert, färben wir die Endung des Artikelwortes rot:

	Präposition	Artikelwort + Nomen (im Akkusativ oder Dativ, mit Artikelwort davor)
Die Kinder laufen	durch (+ Akkusativ)	das Zimmer.
Die Kinder kommen	aus (+ Dativ)	dem Zimmer.

Die Kinder laufen durch das Zimmer.

Die Kinder kommen aus dem Zimmer.

1. Lokale Präpositionen mit Akkusativ

Diese Präpositionen drücken eine Bewegung aus: *durch*, *gegen*, *um*.

durch

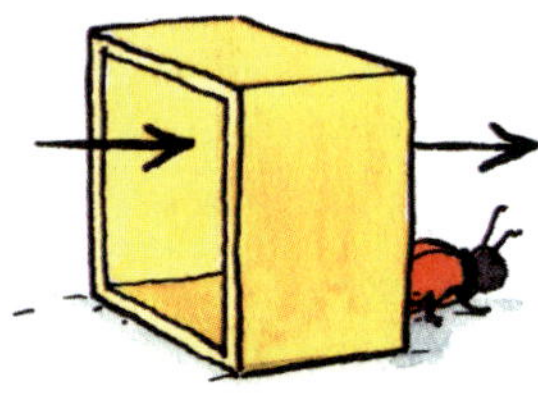

Der Käfer läuft durch den Kasten.

gegen

Er läuft gegen den Kasten.

2. Lokale Präpositionen mit Dativ

Einige drücken eine Bewegung aus: *an ... vorbei*, *aus*, *nach*, *von*, *zu*.
Einige drücken eine Position aus: *bei*, *gegenüber*.

aus

Der Käfer kommt aus dem Kasten.

bei

Beim Kasten steht eine Ameise und wartet.

Merke: bei + dem = beim

nach

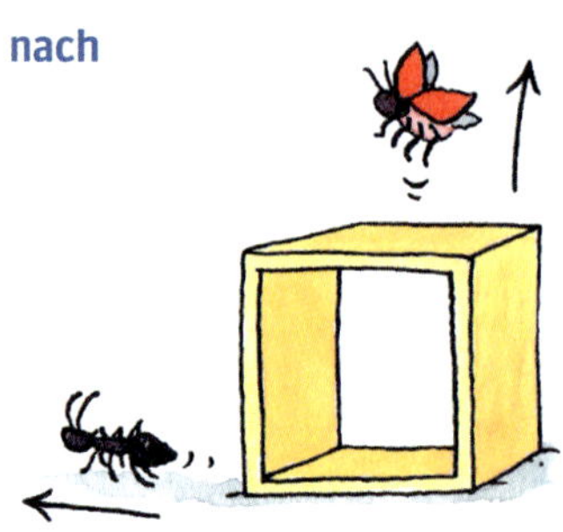

Der Käfer fliegt nach oben.
Die Ameise geht nach Westen.

von

Die Ameise fällt vom Kasten.

Merke: von + dem = vom

zu

Der Käfer läuft zur Ameise.

Merke: zu + der = zur

Merke:	bei	von	zu
der Kasten	bei**m** Kasten	vo**m** Kasten	zu**m** Kasten
das Haus	bei**m** Haus	vo**m** Haus	zu**m** Haus
die Tür	bei der Tür	von der Tür	zu**r** Tür

Merke: Einige Präpositionen wie z.B. ***in*** haben nach der Wo-Frage (= Position) den Dativ und nach der Wohin-Frage (= Bewegung in eine Richtung) den Akkusativ.

3. Ausdrücke, die man sich merken sollte

Wohin?	Wo?	Woher?
nach	**in**	**aus**
Ich fliege nach München/Italien/Europa ...	Ich lebe in München/Italien/Europa ...	Ich komme aus München/Italien/Afrika ...
⚠ Ich fahre in die Schweiz/Türkei/Ukraine/ in die USA.	⚠ Ich lebe in der Schweiz/Türkei/Ukraine/ in den USA.	⚠ Ich komme aus der Schweiz/Türkei/Ukraine/ aus den USA.

zu

Stefan geht zum Arzt.

bei

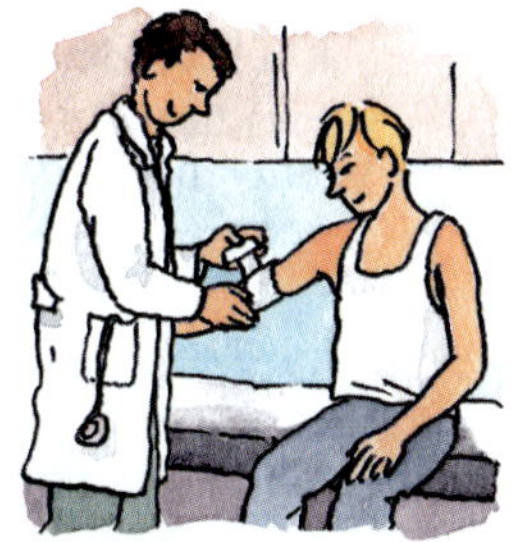

Stefan ist beim Arzt.

von

Stefan kommt vom Arzt.

nach Hause

Lisa geht nach Hause.

zu Hause

Lisa ist zu Hause.

Wenn man sagen will, **wann** jemand etwas tut oder etwas geschieht, braucht man eine temporale Präposition. *Temporal* bedeutet *auf die Zeit bezogen*. Dort, wo die Form sich ändert, ist die Endung des Artikelwortes rot:

	Präposition	Artikelwort + Nomen (im Akkusativ oder Dativ)
Ich verreise	für (+ Akkusativ)	einen Monat.
Er wohnt hier	seit (+ Dativ)	dem 23. August.

1. Temporale Präpositionen mit Dativ: *an*, *in*, *vor*, *nach*, *ab*, *von … bis*

„Sag mal Mama, wann genau kommst du zu uns?"

„Am 23. März, also am nächsten Freitag, und zwar am frühen Abend."

an/am	+ Dativ	Tag	am Donnerstag, am Wochenende
		Tageszeit	am Tag/Morgen/Vormittag/Nachmittag/Abend ⚠ in der Nacht
		Datum	am 23.6., am 2. Juni 1982

Merke: an + dem = am

„Im Winter gehe ich immer Skifahren. In einer Woche geht es los."

in/im	+ Dativ	irgendwann in einem Zeitraum	im letzten Mai, im Frühling
		Zeitpunkt in der Zukunft	in der nächsten Woche, in einem Monat

Merke: in + dem = im

zehn vor zehn

zehn nach zehn

vor	+ Dativ	············●*	vor dem Urlaub, vor halb acht
nach		●*············	nach drei Jahren, nach der Schule

*genanntes Ereignis, bestimmter Zeitpunkt

„Schrecklich, es regnet schon seit einer Woche. Was sagt denn der Wetterbericht?" – „Ab morgen soll es besser werden."

ab	+ Dativ	x ········ ● ········	Zeitraum, Beginn in der Zukunft	ab Dienstag, ab dem 21. Juni

Die Praxis ist von Montag bis Donnerstag geöffnet.

von ... bis	+ Dativ	● ⟶ ●	Beginn und Ende	von Montag bis Donnerstag

Merke: von + dem = vom

Sogar beim Zähneputzen hört sie Musik.

bei	+ Dativ	··········	gleichzeitig	beim Kochen, bei der Arbeit
während		··········		während dem Frühstück, während der Pause

bei + dem = beim

Merke: In der Schriftsprache verwendet man mit *während* einen anderen Kasus, den Genitiv.

2. Temporale Präpositionen mit Akkusativ: *um*, *für*, *über*

„Bitten holen Sie uns um Viertel vor 11 hier wieder ab."

um	+ Akkusativ	●	genaue Uhrzeit	um 18.25 Uhr, um halb neun

über	+ Akkusativ	·········|····	länger als	über eine halbe Stunde, über einen Monat

für	+ Akkusativ	x* ···········	Zeitraum, meistens in der Zukunft	für einen halben Tag , für zwei Wochen, für eine lange Zeit

***x** = jetzt

Man möchte ausdrücken,
- **wofür** / **für wen** etwas ist oder jemand etwas tut,
- **wie** etwas ist
- oder **wie** / **womit** jemand etwas macht?

Dann braucht man die richtige Präposition. Eine Präposition ist ein kleines Wort vor dem Nomen. Man sollte jede Präposition mit dem speziellen Fall lernen, in dem das Nomen danach steht:

	Präposition	Artikelwort + Nomen (Akkusativ oder Dativ)
Die Mutter kocht	für	die Familie.
Die Kinder fahren	mit	dem Rad.

1. Finale Präposition *für* mit Akkusativ

Final bedeutet: Diese Präposition drückt ein **Ziel**, einen **Zweck** aus oder nennt einen **Adressaten**: **Wofür / Für wen** ist das oder tut jemand etwas?

2. Modale Präpositionen mit Dativ und Akkusativ

Modal bedeutet: Diese Präpositionen drücken die **Art und Weise** aus.
Wie ist etwas oder **wie** mache ich etwas?

auf + Dativ

„Sag mal, Alima: Was heißt ‚Katze' auf Arabisch?"

aus + Dativ

„Dieses Notebook ist aus Aluminium."

mit + Dativ

ein Eis mit Sahne

ohne + Akkusativ

ein Eis ohne Sahne

Mit einem Lokal- und Direktionaladverb kann man ausdrücken,

- **wo** jemand oder etwas ist,
- **wohin** jemand oder etwas sich bewegt,
- **woher** jemand oder etwas kommt.

Lokal bezieht sich auf den **Ort** und *direktional* auf die **Richtung**.
Das Adverb hat immer die gleiche Form.

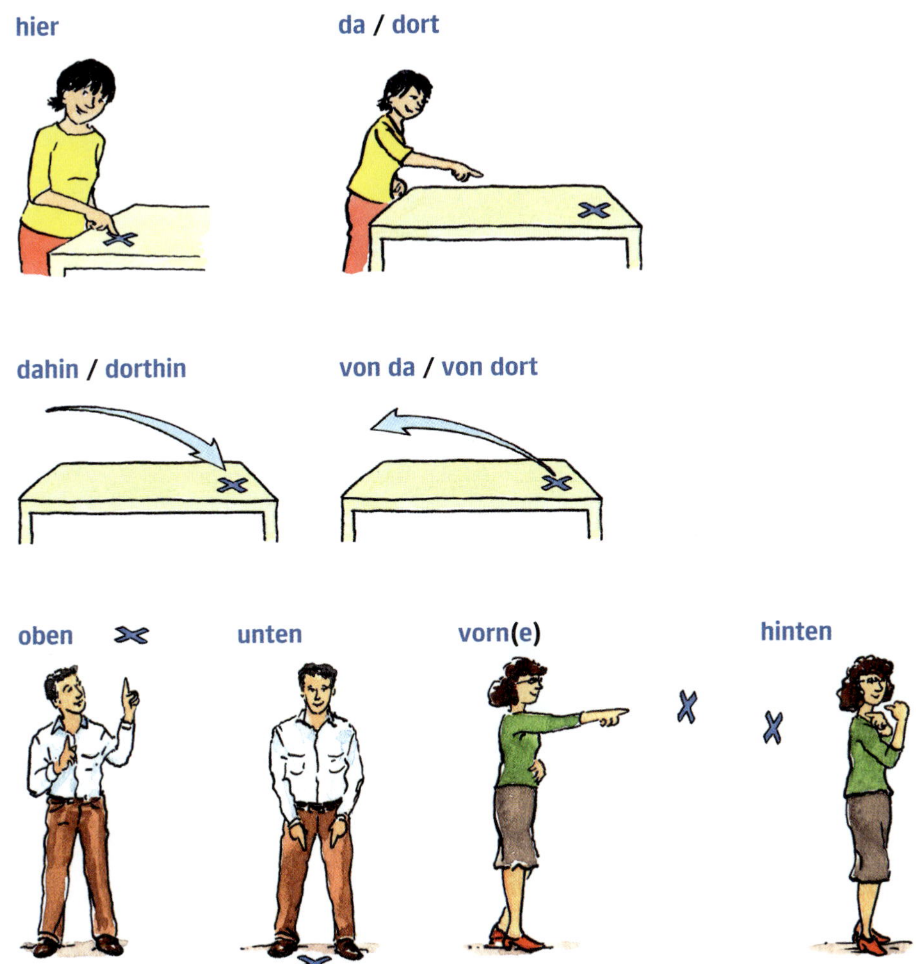

draußen

drinnen

vor

zurück

links

rechts

geradeaus

Mit einem Temporaladverb kann man ausdrücken,
- **wann** (Zeitpunkt),
- **wie oft** (Wiederholung),
- und in **welcher Reihenfolge**

jemand etwas tut.

Das Temporaladverb hat immer die gleiche Form.

1. Zeitpunkt

vorgestern / gestern / heute / morgen / übermorgen

gerade

„Wir können erst um 3 Uhr Rad fahren. Ich mache gerade Hausaufgaben.“

jetzt

„Bist du mit den Hausaufgaben fertig?“ – „Ja. Ich fahre jetzt Rad mit Yasemine.“

bald

„Bald habe ich Geburtstag. Noch vier Tage.“

sofort / gleich

„Schalte sofort dein Handy aus!“ – „Ich bin gleich fertig!“

früh / früher

Herr Weber muss früh aufstehen, Frau Weber noch früher.

spät / später

„Gestern bist du so spät nach Hause gekommen, erst um 7 Uhr.“ – „Heute komme ich noch später: Ich muss bis 8 Uhr arbeiten.“

2. Wiederholung

morgens

Morgens (= jeden Morgen) geht die Sonne auf.

mittags

Mittags (= jeden Mittag) steht die Sonne hoch.

abends

Abends (= jeden Abend) geht die Sonne unter.

immer **oft** **nie**

100 % 0 %

„Früher habe ich den Müll nie getrennt. Jetzt tue ich es immer."

1. Bedeutung

Es gibt **bejahende Aussagen**, und es gibt **verneinende Aussagen**:

bejahende Aussage

Frau Panahi mag Vollkornbrot sehr.

verneinende Aussage

Herr Panahi mag Vollkornbrot gar nicht.

Negation nennt man die verschiedenen Möglichkeiten, eine bejahende Aussage zu **verneinen**:

-- → nicht

„Diese Mütze gefällt mir nicht."

ein- → kein-

„Meine Tochter möchte keine rote Mütze."

etwas → nichts

„Leider habe ich sonst nichts in dieser Größe."

immer → nie

Max wäscht sich vor dem Essen nie die Hände."

2. Die Position von *nicht* im Satz

Nicht steht **am Satzende**, aber **vor**:	Lisa gefällt die Mütze nicht.
▪ dem zweiten Teil des Verbausdrucks,	Ich rufe nicht an. – Er ist nicht gekommen.
▪ manchen Akkusativergänzungen, wo Objekt und Verb „eng verbunden" sind,	Lisa spielt nicht Gitarre. Max hat nicht Geburtstag.
▪ Verbergänzungen mit Präposition,	Er interessiert sich nicht für Fußball.
▪ Ortsangaben (*wo/wohin/woher*?),	Max geht nicht in die Schule.
▪ Adjektiven.	Sabine ist nicht glücklich.

Wenn man nicht den ganzen Satz verneint, steht *nicht* vor dem **verneinten Satzteil**:
Nicht **Max** hat heute Geburtstag, Stefan hat Geburtstag.
Max hat nicht **heute** Geburtstag, er hat morgen Geburtstag.

Die Anordnung der Satzglieder im Hauptsatz ist flexibel. Durch eine Umstellung wird ein Text abwechslungsreicher und liest sich flüssiger.

1. Position 2 und Satzende

An **Position 2** steht im Hauptsatz immer das Verb. Bei zweiteiligen Verbausdrücken (dem Perfekt, trennbaren Verben, Modalverben) steht der zweite Teil am **Satzende**. Dazwischen, im **Mittelfeld**, stehen die restlichen Ergänzungen und Angaben:

Position 1	**Position 2**	**Mittelfeld: Position 3, 4, …**	**Satzende**
Stefan	hat	Lisa heute ein Eis	gekauft.
Lisa	isst	das Eis sofort	auf.
Sie	möchte	gerne noch ein Eis	essen.

2. Position 1 und Position 3

An **Position 1** steht das Subjekt. Wenn ein **anderes Satzglied Position 1** besetzt, kommt das Subjekt auf **Position 3**:

	Position 1	**Position 2**	**Mittelfeld: Position 3, 4, …**
Subjekt	Stefan	kauft	seiner Schwester heute ein Eis.
ein **Objekt**	Seiner Schwester	kauft	Stefan heute ein Eis.
	Ein Eis	kauft	Stefan heute seiner Schwester.
eine **Angabe**	Heute	kauft	Stefan seiner Schwester ein Eis.
ein **Nebensatz**	Weil er sie mag,	kauft	Stefan heute seiner Schwester ein Eis.

Wenn man

- eine **Information** möchte oder
- jemand darum **bitten** will, **etwas zu tun**,

dann macht man das mit einem Fragesatz.

Es gibt Fragesätze, die als Antwort ein **Ja** oder **Nein** haben. Hier muss man das Verb an den Satzanfang stellen. Man kann aber auch durch Betonung klarmachen, dass man etwas fragt:

Pos. 1	Pos. 2		Antwort
Bist	du	Sabine?	- Ja. / Nein.
Du	bist	Sabine?	

Wenn Ja-/Nein-Fragen eine Negation enthalten, lautet die **positive Antwort** *doch*:

Bist	du	nicht	Sabine?	– **Doch**. / Nein.

Es gibt auch Fragesätze, die als Antwort eine **Information** haben. Hier muss man an den Satzanfang ein Fragewort stellen:

Position 1	Position 2		Antwort
Wer	bist	du?	– Frank.

wer	Wer bist du?	Nominativ
wen	Wen rufst du an?	Akkusativ
wem	Wem gebe ich die Blumen?	Dativ

Außer wer gibt es noch andere wichtige Fragewörter:

was	Was ist das? / Was meint ihr?	Sache	Nominativ / Akkusativ
wann	Wann soll ich die Medizin nehmen?	Zeitpunkt	
warum	Warum immer ich?	Grund	
welcher, welche, welches	Welcher Pullover gefällt dir am besten?	Wahl	
wie	Wie kommen wir zum Bahnhof? /	Qualität	+ Verb
	Wie weit ist es?		+ Adjektiv
wie lange	Wie lange braucht man zu Fuß?	Dauer	+ Adverb
wie oft	Wie oft muss ich die Medizin nehmen?	Häufigkeit	
wie viel	Wie viel Geld hast du dabei?	Menge	Nomen im Singular
wo	Wo ist der Deutschkurs?	Ort	
wohin	Wohin geht sie?		
woher	Woher kommt er?		

Mit einer Satzverbindung kann man zwischen zwei Hauptsätzen eine **Beziehung** herstellen: Sehr häufig sind *und*, *oder*, *aber*, *denn* und *dann*.

Sabine tanzt mit Nelson.

+

Stefan tanzt mit Marie.

=

Sabine tanzt mit Nelson(,) **und** Stefan tanzt mit Marie.

1. Bedeutung

und

Aufzählung

Am Morgen bringt Frau Panahi Dana in die Kita und geht einkaufen.

oder

Alternative

Für das Abendessen will sie Lammfleisch oder ein Huhn kaufen.

aber

Kontrast

Aber sie entscheidet sich für Fisch.

denn

Grund

Denn der Fisch ist frisch und nicht teuer.

dann

Reihenfolge

Dann kauft sie noch Gemüse ein.

2. Position im Satz

Hauptsatz 1			**Hauptsatz 2**
	POS 0	**POS 1**	
Sabine hat bald Ferien(,)	und	sie	freut sich auf ihren Urlaub in Berlin.
Sie nimmt den Zug(,)	oder	sie	fährt mit dem Bus.
Sie vergleicht die Preise,	aber	sie	muss das Ticket bald kaufen.
Sie bleibt drei Wochen,	denn	sie	hat viele Pläne.
Bald ist das Schuljahr zu Ende,		dann	geht es los!